이상형과 이상향

시그림 아트북
이상형과 이상향

초판 1쇄 찍은날 2021년 11월 22일
초판 2쇄 펴낸날 2022년 11월 10일

시 강윤미 | 그림 글마음조각가 | 음악 오은하

펴낸이 최윤정 | 펴낸곳 도서출판 나무와숲 | 등록 2001-000095
주 소 서울특별시 송파구 올림픽로 336, 910호(방이동, 대우유토피아빌딩)
전 화 02-3474-1114 | 팩스 02-3474-1113 | e-mail namuwasup@namuwasup.com

ISBN 978-89-93632-85-9 03810

* 값은 뒤표지에 있습니다.

시그림 아트북

이상형과 이상향

시 강윤미
그림 글마음조각가
음악 오은하

나무와 숲

시인의 말

당신이 가야 할 곳은 왼쪽이고 내가
떠나온 곳도 왼쪽인데

우리 둘의 마음이 포개졌을 때
밤의 공기를 반쪽씩 나눠 가진, 우리는

2021년 11월
강윤미

차례

가을

겨울

「봄」

아무것도 없이

밀란 쿤데라를 모르고 체코에 갔다
바흐를 모르고 독일에 갔다

체 게바라를 모르고도 쿠바에 갈 수 있다
로맹 가리를 모르고도 프랑스에 갈 수 있다

뭉크가 싫어도 노르웨이로 떠날 수 있고
비틀스가 싫어도 영국으로 떠날 수 있다

내가 어디로 가는지
누구의 품에 안기게 될지 모르고 태어난 것처럼

내가 어떤 언어로
어떤 이름을 말하게 될지 모르고
몸 밖으로 빠져나온 것처럼

발가벗겨진 채 울어대는 사물이었던 날
유일한 안식이었던 탯줄이 잘린 날

나의 처음을 나는 알지 못하고
나의 감정을 내가 고르지 못하고

2021

원피스

꽃이 가득한 들판
물방울이 뒤덮인 하늘

몸은 액자 속으로 들어가 그림이 되었다
줄무늬가 당신을 흔들리게 할지도 모른다

원피스는,
원피스를 사랑했다

사랑해서 꽃을 담고 물방울을 쏟고 줄무늬를 새겨 넣었다

그림을 그려본 적 없는 당신이
전시회장에 걸린 당신의 그림을 보러 갔다고 생각하는 오늘

원피스를 입은 당신이 그림 속의 당신을 보고
그림 밖에 서 있는 그림을 본다

그림은 당신의 몸에 지퍼를 만들고 단추를 달았다
당신의 몸에
당신의 몸을 집어넣었다

오늘 길바닥에 당신을 내놓지 않을 작정이다

원피스만 입고 뒹굴기엔 길바닥은 춥고 더러우니까
눈인사 하기엔 어둠은 작고 좁은 시선을 가두니까

당신은 온전히 원피스의 것

원피스는 당신에게 당신을 선물하고 구겨진다
옷장에 걸린다

너와 나의 큐레이터

사람과 사람 사이 그림 하나 걸려 있다

물감을 짜놓은 듯 어둠이 질퍽하다
다시 물감이 마르듯 달빛이 딱딱해진다

너는 사과와 접시와 유리병으로 이루어진 정물화
나는 꽃과 연못과 구름의 얼굴을 빌린 풍경화

너는 마음에 든 탁자 위에 하얀 식탁보를 깔고
사과와 접시와 유리병의 위치를 정한다
꽃과 연못과 구름이 있는 공원으로 간 나는
액자와 어울리는 오전 11시를 고른다

너에게는 사물의 각도에 따른
그림자와 어둠의 밀도가 필요하다

나에게는 햇빛이 비치는 각도와
풍경의 감정을 눈여겨볼 줄 아는 마음이 필요하다

네가 남겨놓은 고요를 배우며
사물은 사물로 완성되어 간다
시간의 원근법, 내 붓은
풍경으로부터 벗어난 풍경이 된다

사람들은 네가 선택한 사물이 상징하는 의미를 찾으려
눈을 붉힌다 내가 선택한 풍경 속에서
피로한 눈빛을 쉬게 한다

너를 이해하는 데 나의 언어가 필요하고
나를 이해하는 데 너의 언어가 필요하다

우리는 서로에게서 빗나간
액자 밖의 시간이 절실하다

사람과 사람 사이, 언어로 그리다 만
벽 하나 걸려 있다

얼굴의 저편

매일 해가 뜨고 밤이 찾아온다
달이 뜨고 아침이 되는 시간은 조금씩 다르다
다르다고 생각하면 모두 같아진다

보통은 세수하고 밥을 먹는다
밥을 먹고 세수를 할 때도 많다
어쨌거나 세수와 밥 먹기는 연결된다

사랑한다는 것은 변함없지만
사랑하지 않는다고 믿어지는 순간이 있다

월요일마다 모르는 사람이
아는 사람처럼 문을 두드린다
두드리지 않는다
새벽 5시가 되면 전단을 붙이고 가는 손길이
귀를 스친다

시간이 흐르지 않았다고
생각할 수도 있다

외롭다고 생각하지만
외로울 틈 없는 고독이 실제로 있다

얼굴이 얼굴을 떼어가는 동안
내 표정이 문밖으로 쏟아진다

소심한 소녀의 소보로 굽기

소심한 나머지 여자가 되지 못한 소녀 고만고만한 소도시에 어울릴 만한 평수의 빵집 딸내미 빵이 대범하게 가게를 나가는 동안 그녀의 피와 살은 노릇해졌다 소심함까지 노릇노릇해졌다 그럭저럭 인근 대학을 나온 그녀 강의실에 풍기는 자신의 빵 냄새를 잊지 못해 본격적으로 빵집 소녀가 되기로 했다는 그녀를,

나는 유리창 너머로 본다 소심한 그녀가 빵 속으로 달아날까 봐 소심하게 훔쳐본다 이스트와 밀가루의 비율을 지나 반죽 덩어리가 빵이 되는 과정과 순간에 대해 상상해 보다가 그녀가 여자가 되고 아줌마가 되는 것과 비슷한 점이 있을까 없을까, 아주 잠깐 고민해본다 오븐조차 눈치채지 못하게 살짝 부풀어 오르는 소심한 빵들과 연애하는 중이라고 제과협회지에 소개될 만한 기삿거리의 그녀, 딱 그 정도의 그녀 사람들이 들고 나가는 빵 봉지에 슬쩍 발을 댄 소심이 가게를 나갔다가 아침이 되면 빵집의 공기만큼 빵빵해진다

입술에 생크림을 묻힌 별들이 밤의 오븐 속으로 뛰어들자 어둠이 와락 봉긋해지기 시작한다

오후 3시에 만난 당신

오후 3시에 만난 당신은
어제저녁 7시의 나에 대해 이야기한다
방금 만난 나를 보고 알은체한다

첫 당신이 뭘 알아
내 입꼬리는 당신의 말에 빈정거리며
싱글거리며

찻잔 참 이쁘네
비에 젖은 꽃잎처럼 차는 향기를 죽이며 깊어진다

매력적이야, 당신
오늘 처음 만난 당신과 나의 슬픔은 닮지 않았으므로
다른 시간으로 돌아갈 수 있겠네

찻잔을 감싸는 뜨거운 입김처럼 둥글게 말아가며 구부러지는 골목
집으로 돌아가는 길을 잃어버려서 헤매는 꿈을 꾸었지
잃어버린 시간을 주워 나는 다시 어른이 되었고
커피는 커피잔에 얌전히 담겨 있지

이제 당신은 방금 만난 사람이 아니어서
사과꽃에서 사과가 되는 과정과 사과가 다시
아무것도 아닌 것이 되는 시간을
설명하지 않아도 되겠네

당신과 나는 간절한 포옹으로 서로를 따돌리고
오후 3시만 나눠 갖기로 했네

2021 Rio

고 백

너와 내가 들어가면
문이 닫히는 장소

네가 나인 것처럼
내가 당신인 것처럼
우리의 이름을
바꿔 불러도 좋아

당신의 고백으로 밤은 오밀조밀
단독으로 빛나지 우리 둘만
동그랗게 안아주는 소파 같은 속삭임
우리 둘이 아닌 것들은 사각으로 내모는,
비정해서 어여쁜

당신의 어깨
나의 눈썹

처음을 무너뜨리는

처음

까만 밤은 그저 까맣지

포근한 이불을 덮은 고백

하나의 감정

밀려오는 감정과 밀치는 감정 사이

너와 나만 들어갈 수 있는 방

고백과 고백 사이에 앉은

침묵

침묵의 시작

시 간

한쪽 귀퉁이가 썩은 딸기 속에는
썩지 않은 시간이 있다
부패의 장소를 향해 떠나는
딸기의 시간

말려도 소용없다
모든 것은 일그러지고
주근깨를 풍기고
냄새를 알아볼 수 없도록 이름을 바꾸고
늙고
비어간다

지구의 어느 쪽에선가
가설처럼 얼음이 녹고
햇볕은 살을 뚫을 듯 쏟아진다
추워서 죽고
목이 말라 쓰러진다

모든 것은 시간의 음모
미워할 수 없다

미워할 수 없는 것들이
시간이 된다

이상형과
이상향

당신은 이마에 대해 이야기한다
나는 당신이 즐겨 듣는 에릭 사티를 떠올린다

당신은 산이 좋다고 말한다
나는 당신이 좋아하는 것을 좋아한다고 말하려다 만다

커피의 맛은 다르다
당신과 나는 번갈아 가며 서로의 머그잔을 들여다본다
점점 더 같아지는 머그잔의 무게를
다른 무게감으로 들고 있다

이름을 묻지 않는 당신
나는 이름을 묻지 않는 당신의 이름을 궁금해하지 않는다

당신은 머그잔이 이상형이라고 내게 귀띔한다
머그잔에 달린 귀가 당나귀와 닮아 있다고

나는 이해한다
당신의 오해는 나의 이해와 결코 잘 통한다

시계는 시간을 잊고 환하게 웃는다
같은 계절에 앉아 수시로 계절을 바꾼다

미래와 과거 중 무엇을 숭배하느냐고 묻는 당신에게
나의 이상향은 당신으로 인해 더욱 깊어질 것이라 말한다

미끄럼틀

높은 곳에 있고
낮은 곳에 있지

떨어지는 것 말고는 할 일이 없는,
단 하나의 길 위에 나는 서 있지
내가 나에게 도착하기를 기다리고 있어
내가 나의 품에 안기길

흐린 구름이 짙은 회색 속으로 사라져
영영 보이지 않을 때까지
그곳에 있어야 할까

나는 먼 곳에 나를 놓고 왔어
그곳에 올라서서
날 쳐다보고 있는 나를 목격했지

내려가면 끝이지만
내려가지 않기 위해 안간힘을 썼어
이대로 나의 가능성은 끝인 것만 같아
단순하게 인생이 흘러가게 두고 싶지 않아

나는 나에게서 미끄러지기 위해 미끄러지는 걸까
나와 헤어지기 위해 있는 걸까

물음 같은 구름이 미끄럼틀을 뒤덮었어
해답 같은 비가 쏟아질 것만 같아
아이들은 집으로 황급히 돌아갔어
나는 미끄럼틀이 젖는 순간을 흠뻑 느끼려고 해

젖은 옷이 내 몸과 딱 붙어 나를 놓아주지 않을 때
물음이 해답을 풀어주지 않고
물음으로만 서려고 할 때

미끄럼틀은 변하지 않는 거대한 플라스틱
변화무쌍한 내가 큰 의자에 앉아 구름을 보네

무엇을 결정하더라도 나는
무엇을 결정하더라도 나는

기꺼이 window라고 불러 드리죠

wind

윈드, 얼굴을 상상해봅니다 당신은 지구의 반대편에서부터 나를 향해 달려왔지요 이 저녁 가장 낮게 매달려 있는 나뭇잎인 나를 안아주려 말이죠 하늘에 떠 있는 별을 보며 당신은 곰보가 아닐까 생각했어요 알고 보면 별은 손가락에 침을 묻혀 뚫어놓은 구멍이지요 돌담의 틈 사이로 고개 내밀면 수평선이 놓아버린 당신이 나의 늑골까지 들어찼어요 풍경의 어깨에 기대 한갓진 오후를 보내는 유채꽃 같은 열여덟이 피어났지요 허리춤까지 오는 꽃밭으로 사내들이 불러내는 봄, 그들과 입맞춤할 때면 가슴이 부풀어 올랐어요 가슴이 커졌으면, 하고 바라던 그때 가슴과 브라 사이로 손이 들어왔다 나갔죠 사내들은 한줌 모래 같은 당신의 얼굴만 만지다 떠나갔어요

eye

아이, 당신의 일부는 바람으로 만들어져 있어요 구름이 깜박일 때마다 전생에 흘려놓은 점액질의 감정들이 쏟아져 나오죠 당신은 눈꺼풀을 열고 닫는 것보다 풍경 안으로 누군가를 초대하는 것을 두려워하죠

바람이 모는 기차를 타고 산을 오르고 바닷물에 손을 담그는 당신, 세계는 눈을 감아버리면 죽어버리니까요 보는 족족 액자가 생겨요 필름 없는 폴라로이드의 침묵이 환해졌다 멈추는 순간 나타나는 마음, 당신이 참았다가 내뱉는 고백은 깨지지 않는 절정이라고 느껴도 될까요 섬으로 가던 바람이 창문을 두드리네요 백만 번째 액자 속에는 늙지 않은 손들이 내가 잃은 시간을 쥐고 있어요 바람의 눈동자가 빨려 들어가지 않게 나는 커튼을 굳게 닫아야겠어요

* 창문 window는 wind-eye라는 어원을 가지고 있다.

숲으로 가는 방

어린 초록은 깊은 초록으로 숨어듭니다
벽을 더듬던 나무의 뿌리는
내가 누운 이불 속으로 발을 밀어넣습니다
나뭇잎을 따라 들어온 이슬은 눈가를 맴돌다 흐릅니다

베개 속에서는 수수 씨앗이
서로의 몸을 비벼가며 바스락거립니다
문을 걸어 잠근 숲은 콜록거립니다 처서입니다
내 생각은 잠의 반대편에 서서
새 한 마리 분주하지 않은 그늘 속을 서성입니다

그때 나는 벽에 귀를 갖다 댑니다
겹겹이 포개진 물소리가 집의 핏줄을 따라
희미하게 멀어집니다 발을 씻겨주던 누군가의 손,
열 오른 내 이마 위로 돋아납니다

방의 기억이 닿지 않는 곳에서 새는 둥지가 되고
뿌리는 팔을 벌려 길을 나누어 먹습니다

잠은 갈수록 푸르러지고
밤은 울창해집니다
소리를 툭툭 부러트리는 불빛
오래 마르지 않는 벽 속의 나뭇잎들
땅의 손길을 따라 허공이 되는 것을 바라봅니다
나는 숲의 따뜻한 잠 속으로 사라집니다

숲, 방은 싹트기 시작합니다

「여름」

ㅂ의 날

발레 교실에서 다리를 들어올리고
바이올린 레슨을 받는
오늘은
ㅂ의 날

보라색 티셔츠를 입고
보도블록을 걸어가는
오늘은
ㅂ의 날

우리가 ㅂ을 몰랐던 때를 기억해보려 했지
무엇을 떠올리지 않아도
뚜껑이 잘 들어맞는 상자 안에 하루가 들어가던 때를

브라질에서 시작된 밤이
이곳에 도착할 때쯤 다시 밤이 된다고 ㅂ은 속삭였지

바람이 불면 내 몸에서 풍기는 음악 같은 살냄새가
작은 내가 있는 방문을 노크할 것만 같지

바이올린이 무엇인지
발레가 어떤 것인지 방에 틀어박힌 나는 알 수 없었어
아무도 알려주지 않았지만
작았던 내가 자라 작은 아이를 낳는 법을 터득했지

작은 아이가 바이올린을 하고 발레를 하는 오늘은
ㅂ의 날

명랑하게 튀어 오른 햇살이 바흐를 연주하고
길을 가던 개가 발레를 하듯 발라당 배를 보일 때

나는 멈추어서 찬찬히 들여다보았지

ㅂ이 내 뒤에 숨어
ㅂ을 완성하는 것을

보르게세

두 손바닥 혹은 열 개의 손가락으로 눈을 덮고 있으면
푸른 나뭇잎들이 살랑거리네
손을 잃어버렸다고 생각해도 좋을 오후였지

얼룩말을 발음할 수 없었던 세 살 아이와
공원 벤치에서 미술관 입장 시간을 기다렸지

미술관으로 가기 위해 어쩔 수 없이 들렀던 보르게세 공원
보르게세 보르게세 발음할 때마다
마음 한구석에서 엉뚱한 소용돌이가 쳐서
아이가 로마에서 훌쩍 자라
내가 쓸모없는 인간이 되어버릴 것만 같았지

그림 그림이 벽마다
벽의 벽마다 벽을 빼앗을 듯 걸려 있었지

한꺼번에 찾아든 명화의 행렬에 현기증이 나고
아이와 나는 한국어로 소리쳤네

아무도 못 알아들어서
나는 아이에게 욕을 가르칠 수도 있었지만
보르게세 보르게세 말의 낯선 부드러움에 반해
그림 속 아이를 안은 귀부인처럼 아이를 훔치고 말았네

시차를 이기지 못한 아이가
팔꿈치에 얼굴을 대고 잠에 빠져들었네
나는 가장 느리게 흘러가는 구름을 잡고
편지를 그려놓았네

연약한 구름이 훌쩍 자라
내가 사는 곳으로 당도할 때쯤이면
아이가 보르게세 공원의 나뭇잎 냄새를 맡으며
비 냄새를 읽을 것

우산의 세계

비가 오는 날
펼쳐지는 우산의 세계
누구도 원하지 않았지만
본능적으로 발을 들여놓게 되는 영토

우산 하나하나마다 얼굴을 가진
저 알 수 없는 이름의 종족
침범하는 빗방울로부터 벗어나려고 안간힘을 쓰는
양쪽 어깨
균형을 잃으면
끝

가슴과 등
이마와 뒤통수
발과 보폭 사이
몸이 이렇게도 넓다는 것

자신이 누구인지 잊어버린 채 불시착한
둥근 UFO 속
외계인이 되어버린 종족들

우산과 우산이 부딪치기라도 하면
성난 낮빛이 되어
입속에 빗물이 들어가는 줄도 모르고
외계어를 하는, 낯익어서 불편한
우주의 밤

만지지 못해서 세울 수 없었던 그림자와
나란히 걷게 된 날
우리 모두는 박쥐처럼 제 몸을 펼쳐
거리마다 거꾸로 매달려 있었다

그럴 수밖에 없었다

기 린

이젤의 긴 다리가 자신의 다리와 닮았다는 사실에
너는 한동안 멍해 있을지도 몰라
깨달음은 하루살이처럼 날아드는 법이니까
기린 그림을 그리기 위해 너는
기린을 보기 시작했어
입장료만큼의 몸값으로 서 있던 기린들은
너의 눈빛에 묻은 생각을 알아차리고
순순히 이젤이 되어 줄 테고 말야
어린 노란색으로부터 늙은 갈색으로 이어지는 고민이란
유년에 밟았던 흙의 빛깔에 머무르겠지
너의 몸은 아프리카의 땅을 닮았으니까
사자의 거친 숨소리가 허공을 갈기갈기 찢으며 쫓아오는
어린 기린의 길을 기억하기 위해
몸에 지도를 새기기 시작했다는 것도 나는 알지
슬픔의 높이를 잴 수 있다면 나는 먼저 너를 떠올릴 거야
무게를 받치려고 두 다리는 목의 길이만큼 진화해가고

몸은 소화되지 못한 울음마냥 부풀어 올랐다는 걸 알아
이쯤 되면 그림이 잘 그려지지 않는다고?
목이 긴 여자를 그리기 위해 눈동자를 훔친 모딜리아니를 생각해
목을 내밀어 그림 속 여자의 앙다문 입술에 귀 기울여 봐
여자의 말은 눈동자 속에 있고
너의 목소리는 미로 속에서 길을 잃지
나는 그 무늬의 자물쇠를 열고 네가 되는 상상을 해
나뭇잎에 가까운 생을 산다는 것은
떨어지는 것들을 동경한다는 거야
별똥별은 떨어지기 위해 매일 조금씩 위로 솟구치고
어둠은 밤으로부터 차근차근 물들지
어쨌거나 너의 몸을 꽉 짜면
흙냄새 나는 물감이 뚝 뚝 떨어질 것만 같아
땅을 밟을 때마다 너를 그리고 있다는 것을
나는 동물원의 도화지 위에서 나도 모르게 알아버리지

개와 섬과 공

커다란 공을 터뜨리면 공의 마음을 알 수 있을까

공은 말랑말랑하고 유연하며 어디로든 떠날 수 있지만
정작 자신의 마음 안으로는 굴러갈 수 없었다
공의 피부에 바짝 귀를 갖다 대자 중얼거렸다

중얼거렸다는 것은 내 착각
내가 공의 마음을 알고 싶었고, 그렇게 들렸다
공은 각진 것을 잊는 대신 마음을 잃어버렸다

모든 것은 누군가의 발에서 시작된 일

공은 누군가의 발에서 자유롭고
비로소 정체성을 찾았으며
공답게 굴러갈 수 있었다

공은 그대론데 사람들은 공이 더 이상 굴러가지 않길 기도했다
적어도 운동장이나 풀밭이 아닌 곳에서는

굴러갈 때까지 구르다 보면 난감해지고
사람은 구르기 좋은 몸을 가진 동물이 아니니까 여기저기 각이 나 있고
뿔 같은 날카로운 마음이 금방 돋아나니까

어린 시절 개는 꼬리를 말아 올렸다
섬은 동그란 공 같고
개가 공 같은 섬을 찬다

이제 섬은 누구도 가지 못할 곳으로 가버렸다 다행이다
개만 내 곁에 있으면 되니까
개의 뾰족한 이빨을 나 혼자 아름답다 여겨도 되니까

바닥의 처음과 끝을 핥으며 공은 다시 공으로 돌아온다
개가 공의 냄새를 맡는다

개는 침을 흘렸고 나는
파도 소리를 들었다

모딜리아니의 방

비뚤어진 콧날에 목을 길게 늘어뜨린 죄수들이 벽에 기대어 있다 비스듬한 증오를 품었던가 지루한 몽상을 하는가 눈에 고인 푸른 빛이 미치르의 파랑새처럼 화폭을 날아갈 듯 가볍지만 날아가지 못하고 주저앉는다 연꽃이 피었다 지는 그들의 눈동자, 심연 아래 지하실을 감추고 있다는 것은 옴팡한 눈이 증명해준다 그 안에서 먼지와 곰팡이를 키우는 죄수들 그들이 분주해질수록 연꽃은 겹겹이 문을 만들어 못질만 하고 있는데

별들이 천장을 뚫고 들어와 나는 잠을 설친다

얇은 잎을 하나씩 벗기며 안으로 들어가는 사내들 그림에 붙들린 나이는 더 이상 칠해지지 않고 세월만 늙는다 그들의 그림자가 바닥에 축축 늘어진다 화폭 안에서 뱅뱅 돌았던 그들은 심장에서 출렁거리는 표정들을 얼굴 위로 불러모으기 바빴는데

이젤처럼 벽에 기댄 어깨를 낯선 사내가 감싸네 이 손길, 어디서 느껴봤더라 유년을 꼬투리 잡고 내리는 비는 변성기적 내 목소리 같기만 한데

피렌체에서

가장 아름다운 것은
당신을 미워하는 일

증오하고
뒤돌아서서
마음껏 고독할 수 있다는 것

당신의 검은 머리는
이질적이고 너무 뾰족하며
지나치게 까맣다
검은 눈동자는 한참 지루하고
소박하여 싫증이 날 지경

당신을 사랑한 고비의 순간처럼
폭염은 위협적이다

날카로워서 우리의 목구멍은 숨이 막히고
피부는 낡아간다

매초 매 순간 우리는 어디로 가는지 모른 채
어딘가로 가고 있었다
매초 매 순간 우리는 어디로든 가고 싶은데
어디로도 가지 못하는 신세로 전락했다

언어의 수렁에 빠져서
우리만 웃었고
찡그렸다

가장 난감한 일은
나를 아는 유일한 사물이 당신이라는 것

더위로부터 사랑받은 우리가
여름을 잃어버리는 일

외롭고 웃긴 가게

한 뼘의 방을 차지하고 있는 낡은
책상, 서랍 속에 갇혀 흐르는
강을 사러 가야지 나무가 파는
손바닥 같은 암표를 끊어
우주로 가는 막차에 올라타야지
코끼리를 삼킨 모자가 사는 사막에서
상자를 뒤집어쓴 어린 양과 숨바꼭질해야지
외롭고 웃긴 표정의 양에게 나 또한
상자를 숨긴 양이라는 사실을 선물해줘야지
리본을 당기면 걸을 때마다 소리가 났던 다섯 살의 여름
네 살 방향으로 떠내려간 신발 한 짝을
찾아봐야지 이마저도 안 되면
고기 굽던 슬레이트집 장롱 밑으로 가출한,
엄마를 버린 꽃핀을 머리에 꽂고
서른세 살로 훌쩍 자라나야지
장롱 밑 꽃핀의 세상이 궁금했던 나는 외롭지 않아

그래서 외로워졌을 뿐,
김이 다 빠져버린 얼굴을 눈이 내리도록 마셔야지
거리마다 하얀 어둠이 녹으면
주인이 팔다 남은 발자국을 팔러 가야지
나조차 외롭고 웃긴 가게가 된다면
스무 살의 내 영혼을 찾아 고해성사해야지
외롭고 웃긴 가게가 있다면
나는 오렌지색 가발을 쓰고 가야지

* 이상은의 노래, 〈외롭고 웃긴 가게〉에서 빌려옴.

우동과 체스와 바다

우동을 먹었다
먹어야 할 이유는 없었지만
쉽고 간단한 우동이 일요일엔 제격이었다
국물이 떠오를 때면 일요일의 냄새가 났다

체스를 했다
부루마불은 허황된 꿈을 갖게 했고 카드는 규칙을 모른다
체스는 그럭저럭 가만히 손만 까딱하면 됐다

검은 바다를 생각했다
화장할 필요가 없는 일요일엔 바다의 민낯을 떠올렸다
깊게 차오른 바다의 검푸른 살결을 만지고 싶었다

일요일의 식탁엔 우동 그릇이 있다가
체스판이 있고, 한 번도 본 적 없는 곳의
검은 바다를 막연히 그리워하는 마음이 있다

식욕을 채우는 것은 식상한 일과여서
일요일의 의자엔 일요일 대신 일요일의 애인을 앉혔다

검은 바다를 국자로 풍덩 떠서 우동 그릇에 담고
체스의 말을 길게 늘어뜨려 일요일의 면을 만들면
식탁은 식탁보를 바꾸고
새로운 꽃으로 몸을 치장했다

일요일의 애인은 검은 바다를 흡입하면서
일요일의 시체를 생각했다

아무것도 할 수 없는 저녁이 오고 있었다

2021

애 월

깨진 화병에서 폭우를 보았다
애월이었다

파도가 파도를 지우면서 덮쳤다
머리카락을 적시고 몸을 뒤틀게 했다

십 분 전의 잠 속에서 애월을 다시 만났다
내가 사라지는 꿈을 꾸고 흠뻑 젖었을 때
포구에 머물렀던 몸의 피부가 깨어났다

포구의 소금기가 내 머릿속을 통째로 염장시킨다

할머니도 엄마도
할머니와 엄마의 집도 없는 애월
관광객처럼 방문하는 곳

파편 같은 애월은 조각조각
애월을 잃어버린다

깨진 화병 속으로 내 몸을 힘껏 밀어넣는다
파편들의 유전자가 꽃을 기억한다
사라진 꽃의 냄새를 떠올린다

기억은 꽃이 꽃이라는 것을 잊지 않을 때까지만 꽃을 따라간다

화병이라는 벽에 갇힌 몸은
화병의 세계에 갇힌 화병을 보지 못하고
애월의 피는 나를 애월로 흐르게 한다

무엇보다 애월이 가지 못하는 곳으로 떠나고자 한다

2021

그림자

그림자만 생각하는 네 살 아이
그림책 속 흑인 아이를 보고
그림자라고 소리친다

흑인을 본 적 없는 아이에게
흑인을 설명할 길 없는 나는
아이에게서 그림자를 다시 배운다

다음 시는 그림자에 관해 써야 할 것 같다

달이 잠에서 깨 어둠을 불러오면
우리 모두 그림자가 된다
아파트 벤치 옆에 홀로 서 있는 나무가
언뜻 사람처럼 보이듯
처음에 우리는 아무것도 아니었다

길쭉하게 다리만 늘어뜨린다
왼쪽으로 힘껏 몸을 뻗어 본다 눈코입을 잃고
생각하는 기쁨을 거부한 종이 인형이 된다

손전등 하나 들고 어둠 속으로 심부름 갈 때
나는 불빛에 점령당한 포로가 되어
개가 컹컹 짖는 담장 너머의 공포를
그림자에 의지하였다

아무것도 아닐 뻔한 몸뚱이를
찌그러진 타원형의 달걀 같은 불빛은
그림자로 완성시켰다

그림자에 빛진 밤이 오고
눈이라도 스며들면
차가움을 처음 느낀 몸은
아이처럼 생각할 것이다

차가운 표정으로 뜨겁게 안고
당신을 놓아주지 않을 것이다

비밀 파이

비밀스러운 작당을 한 파이

노릇하게 익은 밀가루 반죽만 보이도록 은폐하고
내용물을 감춘 파이
파이 속에 들어간
파이

파이는 어떤 맛을 사랑할까

방울토마토 체더치즈
블루베리 채 썬 사과
온갖 재료를 그러안은 파이
식욕마저 다독이며 멀리 따돌린,
그렇게 믿고 싶은 식욕의 저녁

당신의 생각은 어떤 냄새가 풍길까

파이를 한입 베어 물면서
노래가 되지 못한 노래를 부르고
당신이 되지 못한 당신의 가능성을 표절할 수도 있지

당신의 말은 어떤 색깔을 입었을까

불어를 하며 턱을 매만지고
일본어를 하며 커피를 마시는
다른 날씨를 가진 당신의 언어

파이를 파헤치는 포크와 칼

비밀 파이의 비결은
당신이 시인인 줄 몰랐다는 데 있다

「가을」

리스본

눈물 자국과 커피를 마시다 흘린 자국
자국을 훔친 손의 그림자

글자에서 번져나간 흔적
글자는 리스본으로 나를 데려간다

리스본으로 가는 야간열차를 타서
시집 하나를 읽고 시집 하나를 지우고
리스본을 잊어버릴 만큼 밤은 깊어서
깊이가 없다

밤은 방향을 잃어버려서 그냥 밤이고
밤의 가운데 리스본이 있다, 그냥
리스본

'스'를 오타라고 생각하고
리본으로 내 마음을 묶는다

영혼이라는 것이 있다면 리스본에서 시작되었을 것

나는 아주 작은 아이가 되어
리스본이라는 글자 속으로 들어간다
흘러내리다 얼룩진 글자의 손을 잡는다

도착하지도 않았는데
밤은 자국들 사이로 흩어진다
맡아보지 못한 도시의 냄새를 기억하며 글자의 문을 닫는다

책을 덮으면 내 얼굴은 사라진다
리스본을 데리고 책은 영영 리스본으로 간다

가 면

가위로 얼굴을 오려 가면을 만든다
얼굴은 가만히 있고
가면은 가만히 있지 못한다

이목구비를 도려내 가면에 붙인다
이목구비는 가만히 있고
가면은 가만히 있지 못한다

훔친 표정을 가면에 입힌다
표정은 가만히 있고
가면은 가만히 있지 못한다

말을 할 때 움직이는 근육을 가면으로 옮긴다
근육은 가만히 있고
가면은 가만히 있지 못한다

깊은 구덩이 속으로 넘어가지 못하고
입 밖의 경계에 머문 것이 목소리라고 한다면,
목소리를 몸 밖으로 나오게 하는 것이
당신의 역할이라고 한다면

오늘 흐르는 바람은
당신의 턱을 할퀴고 지나간 바람은
말하고 싶은 것을 숨기고
괜찮다고 말하는 당신의 하루는

떨어져 뒹구는 나뭇잎을 나뭇가지에 꿰맨다
당신의 살점에
괜찮다고 생각하는 생각을 덧붙인다

가면은 가만히 있고
당신의 마음은 자꾸 웅크린다

마음이 완벽히 가면 속에 숨었을 때
울음이라는 것이
당신의 거죽을 뚫고 흘러나온다

2020

턱

눈물이 흐르다 떨어지는 계곡
한번 쉬었다 가라고 턱이 있네

골똘한 생각에 잠겼을 때 턱을 포개던 두 손바닥
당신에게도 마음이 있네
감싸고 감싸면 턱은 보란 듯이 당신에게 마지막 생각을 선물하네
칼처럼 뾰족한 턱 단단한 도끼 같은 턱
둥글둥글 설렁설렁 넘어가는 턱

마음에도 마음이 있었네
당신을 위한 마음이 아닌 마음을 위한 마음이,
마임처럼 숨어 있었네
아무렇지 않은 척 웃고 눈을 감고
슬픔을 이겨내려 당신이 당신의 몸을 붙들고 매달려 있을 때
마음은 마임처럼 당신의 뒤를 밟고 있었네

당신의 그림자를 넘어뜨리려 마임은
더 큰 손짓 발짓으로 당신을 안고 있었네

그림자가 그림자를 덮고
그림자가 그림자를 업고
우스꽝스러운 모습으로 어둠 아래 당신이 켜져 있을 때
그림자에 갇힌 당신의 빛나는 순간을 읽었네

그곳에서 이곳으로 올 때 잃어버린 것들을 주머니 속에 다시 담자
당신의 몸은 꽉 찬 공중의 새떼처럼 찰랑대며 황홀했네
새떼가 갑자기 내 시선으로 방향을 틀었을 때
벅찬 두려움이 당신의 턱을 만들었네

눈물은 절벽 같은 턱 모서리에 매달려 사라질 것을 두려워하고
손길은 턱을 만지며 당신을 위로하네
저녁마다 사랑을 찾아 자동차들은 거리 위를 헤매고
차가운 밤공기는 짙은 밤을 찾아 오래 차가워지며 흩어지네

나의 마음도 돌아갈 곳이 있어서 다행이네

벽에 세 들어 사는
몽골 여자

간혹 외풍이 들기 좋은 방엔 나와
여자가 산다 벽에 기대면
창문의 크기만큼 환해지는 그녀의 목소리
매일 저녁, 내 고막을 걸어 나온 그녀는
구멍가게에서 낡아가는 이국의 언어를 사들고 온다

언어를 경계로 단 한 번도 이름 마주친 적 없지만
그녀와 나는 누구보다 가깝다 문득
길을 가다 사막에서나 쓰는 말이 들리면
옆방에 사는 여자일까
뒤돌아보지만, 그녀는
내가 한 번도 걷지 못한 고비사막이 되어 사라진다

볕 좋은 날이면 마당에 거죽을 널어놓는 그녀
문틈으로 빠져나온 영혼을 건조대에 두고
방으로 들어가 버린다 도둑조차

들어설 수 없을 것 같은 적요로움이
벽을 타고 흥얼흥얼 흘러나온다

라디오 목청을 돋우면 어김없이
벽지의 꽃잎 속에서 들려오는 이국의 향기
언젠가 아껴놓은 메아리를 듣는 것처럼
음악 속에 세든 그녀의 목소리가 내 귀 주변을 서성인다
서성거리다 내 귓바퀴는 곧장 그녀에게로 달려간다
벽에 세 들어 사는 고비의 언어

기억 없는 기억을 들추는 사진처럼
그녀는 나를 설레게 한다
잠 설치게 한다 모든 걸 털어놓아도
이미 알아서 모른다는 표정의 여자, 나를 닮아
나 같지 않은 몽골 여자

먼지의 서재

책장에서 책을 꺼내다 먼지가 안개처럼 흩날리는 것을 보았다

안개 속으로 바람이 부는 것을 상상하다가 문장 하나를 만났다

문장에 밑줄을 그을까 말까, 나의 독서는 먼지에서 멈춘다

문장이 다치지 않도록 먼지는 포오옥 제법 깊숙이 그들을 안고 있었다

'노인은 처음 만나는 다섯 살의 저녁을 안주 삼아 늙어 간다'

노인의 머릿속에서 태어났을 문장은 책 속으로 이사 갈 때까지 자음과 모음 하나라도 잃어버리지 않으려 부둥켜안고 서로 놓아주지 않았을 것이다

죽는 편이 낫겠다고 생각해버린 글자들이 놓아달라고 소리쳤지만 문장은 먼지를 핑계로 더 꽉 안았을 것이다

자신의 머리카락 위로 희부연 먼지 알갱이들이 내려앉기 시작했을 때, 노인은 새들이 공중의 먼지 속으로 날개를 퍼덕이며 사라지는 것을 보았다 사라지며 빛난다고 생각했다

평생 날아야만 하는 새들을 자유롭다 누가 말했을까, 책장 가장 높은 곳에 얌전히 날개를 접고 있던 책은 궁금했다

먼지가 오래되면 뭔지 모를 형체가 되어 가고, 손으로 툭 툭 먼지를 걷어낼 때 손가락은 어디로 갈지 몰라 떨렸다

열린 창문으로 바람이 들어오고 음악이 흐르고 냄새가 풍겨올 때 먼지는 감성이 풍부한 작가가 된 것처럼 서재를 사랑해 버리기로 했다

누구도 온 적 없는 방은 먼지가 떠넘긴 떨림을 기억하며 늙어가는 중이다

같은 강물의 시간

사각의 안개라고 생각한 적 있다
걸레에 굴하지 않는
먼지의 감정을 나는 존중한다
보드라운 감촉의 그릇을 닦는 마음

거울 속에는
나와 당신을 아프리카로 데려다줄
강물이 흐른다

서로 다른 시간에 발 담그면
당신과 나 사이에서 어두워지는 누의 발톱,
흘러가는 강물을 깎듯 나는

입김을 불어넣는다 호호
환하게 어두워지는 당신의 얼굴, 안개는
몇 겹의 얼굴을 포갠다

뒤통수의 이목구비

두 눈을 감으면 안이 밖이 되는
같은 강물의 시간
가만히 거울을 들여다보면
흡혈귀처럼 되살아나는 당신의 얼굴

불을 깨트린다
거울의 고백이 시작된다

오름의 봉우리마다 무덤이 사는 이유

먼 별에 사는 유목민들은 식구가 죽으면
초원에 울음을 묻으면서
새끼 낙타 한 마리를 같이 묻는다 한다
새끼가 죽은 자리를 지날 때 낙타가 우는 소리로
핏줄의 무덤을 알아차린다고 한다
이를테면, 낙타의 울음소리가 비문碑文인 것이다

내가 섬을 떠난다고 했을 때, 어머니는
가슴속에서 몰래 기르던 새끼 낙타를 꺼내
집 마당에 묻으셨다

대문을 나서는 순간
단풍나무 아래서 우는 낙타의 혹 속으로 나는
몇 모금의 바람을 집어넣고 수첩에 적었다
섬은 이제 한 마리의 낙타가 되었다고

가을이면 천지사방 쏘다니는 단풍잎 탓에
나는 섬으로 당도하는 바람이 된다
멀리 있는 기억은 홀연 지치게 하므로
여태 걸었던 길은 바람이 대신 걷기로 한다

낙타의 발바닥 같은 울음이 내 길을 철써덕철써덕 치는 동안
군살 배긴 그리움 하나가
한 번도 올라 타보지 못한 낙타의 등을 자꾸 민다

제주도에 가면 새끼가 죽은 자리에
낙타가 멈추고 앉아 울고 있는 것을 볼 수 있다

오름의 봉우리마다 무덤이 있는 까닭이다

칠레에서 온 와인

어둠을 만드는 밤의 세포들은 길고
우리의 얼굴을 비추는
등의 마음은 깊다
혀끝에 긴 맛이 맴돈다

밤과 낮의 길이가 같다는 추분,
난 당신에게 가장 지루한 고백을 한다
긴 침묵 앞에 짧은 안부를 따르는 당신

무료해진 대화로 식탁은 쭉쭉 늘어나고
소시지는 차가워진다
질겨서 더 길게 느껴지는 소시지

어쩌면 당신은 긴 목을 가진 산티아고의 소년일까 당신의 콧등과 나의 속눈썹을 이으면 아이와 어른 사이에서 나이가 같아질지도 모르지 당신이 부르는 돌림노래를 따라 산티아고의 저녁 속으로 나는 빠져들지도 몰라 끝을 알 수 없는 골목길을 뛰어가다 마주치는 아이와 꼬리가 잡히지 않는 숨바꼭질을 하는 저녁, 밥 먹으러 들어오라는

엄마의 긴 목소리를 듣지 못한 아이만이 가장 길게 빛나는 별자리를 손가락으로 떠먹지

당신이 선물한 와인 상자 속에는
내가 아직 경험하지 못한 기후가 발효되고 있다
나는 한 번도 맛보지 못한
산티아고의 밤을 이야기한다
모딜리아니의 그림 속 잔느를 떠올린다

나는 오늘의 맛을 빌려
점점 기울어져 가는 시간에 대해 말한다
유리 속에 비친 칠레는
내가 언젠가 버린 문장의 투명한 호흡

우리의 대화를 쏟아버리고
오늘 밤을 마셔버릴 것 같은 자줏빛 그림자
와인잔을 채우고 지나가는 하이힐 소리가
또각거린다

당신을 음미하기엔
너무 멀고 긴 칠레,
검붉은 심장

클립의 날

케이크에 초를 꽂고
생일 축하해
스물두 살의 나와 스물세 살의 나를 이어주는
오늘은 클립의 날

바람에 클립을 끼우면
빨래가 마르고
머리에 꽃핀을 꽂은 구름은
비를 토해내지

클럽에는 가지 못하고
경로당 앞에서 머뭇거리긴 멋쩍은 사내들이
공원으로 흘러들지
알록달록 단풍잎,
단풍잎

작고 예쁜 클립에 마음을 빼앗긴 여학생들
서랍 모퉁이에서 꺼낸 일기장에
출생신고서, 혼인신고서, 사망신고서까지 한 번에
끼울 수도 있지 마음에 안 들면 살짝 빼기도 하면서
눈물 콧물을 단추처럼 닫아놓기도 하지

배꼽과 배꼽을 연결할 수도 있지
애인은 팔짱으로 묶어둘수록 멀어지는 법
이 방의 불빛과 밤하늘의 별빛을 어둠으로 이으면
밤은 밤의 뜻으로 빛나고

누군가 떨어뜨린 클립을 줍는 순간
튤립 같던 엄마는
어느새 시들어 벽에 걸리지
나는 나만 아는 비밀로 고독해지지

당신은
못된 쪽입니까

왼쪽입니까
아래로 향합니까

당신의 주도권은 당신이 쥐고 있습니까
그것이 당신을 흔들 때
마음은 어느 쪽으로 흐릅니까

바람은 서쪽에서 옵니까
어디로 갑니까
당신이 만든 고독은 바람과 같이 흩날리게 두었습니까
누군가를 안으며 사랑을 사랑한다고 말할 때
바람은 고독을 점잖게 껴입고
머리카락을 이리저리 흔들까요

못된 쪽입니까
감정을 퍼붓고 감정을 앞세운 오늘은
오늘을 잡아먹는 귀신입니까

마녀가 타고 온 빗자루는 하늘을 조종합니까
하늘은 날씨를 외롭게 합니까
비를 쏟아붓습니까

시간을 길쭉하게 늘어뜨린 어둠이 옵니다
당신의 왼쪽을 돌아 못된 쪽으로 갈까요
사랑한다고 말할 줄 알았던
아이의 얼굴에 머물기로 합니다

시간은 이제 거짓말하지 않습니다
못된 쪽으로 당신의 거짓말은 정말 돌아앉아 있습니까

당신의 손아귀에 매달린 불균형한 생각들이 당신을 지배합니다
못된 쪽은 옳지 않은 거라고
누가 말했습니까

2021

나의 부족

냉장고를 열면 지구 바깥으로
떨어진다고 생각하는
부족이 있다

눈사람이 다 녹아서
태양이 만들어졌다고 믿는
부족이 있다

여행자의 그을린 얼굴 덕에 밤이
밤이 되었다고 주장하는
부족이 있다

길가에 떨어진 붉은 잎 노란 잎이
공중으로 뛰어올라

노을의 껍질이 되었다고 고백하는
부족도 있다

유전의 유전을 거듭하고
진화의 진화를 반복하다 보면
나를 싱겁게 만드는 울음이 모인다
몸에 다시 웃음이 돈다

바닥에 닿지 않으려고 안개는 다리를 잘라 구름이 되었고

어둠을 숭배한 종족은
그림자가 부족한
나의 부족을 멸종처럼 발명하였다

2021

새

작은 발처럼 보였다

웅크리지 않기 위해 웅크리고 있었다

날개가 되지 못한 뼈들이 바닥에 가 닿지 않으려고 다리를 잘랐다

한 쌍의 새를 가지려면 한 항아리의 눈물을 쏟아야 한다*

공중에서 흘리는 눈물은 무엇이라도 무겁다

물통을 머리에 이고 능선을 내려오던 새는 고통의 보폭을 온몸으로 꽁꽁 동여맨다

감추면 감출수록 드러나는 작은 발

발은 허공에 박혀 계절의 숨을 잇지 못했지만

걸음은 몸에 섞이고, 바람에 휘어들고, 구름과 비와 안개에 스민다

새가 제 몸속으로 발을 빠트리며 갈 길 없이 날고 있다

* 중국 전족의 속담 변용.

「겨울」

라 벨

라벨은 가장 아름다운 2악장을 작곡했고
가을과 겨울은 따로 흘러와서 같은 구름에 섞인다

대학 시절 리포트 과제를 바꿔 줬던 친구는
얼마 후 물에 빠져 죽었다
리포트 과제와 죽음 사이의 상관관계에 대해
리포트를 썼다

주제에 맞지 않는 리포트를 내서 0점 처리가 되었고
0이라는 숫자가 나를 죽음에 집착하게 만들었다

아무것도 없어서 죽음일까
쌓아놓은 것을 무참히 밟아서 0으로 만드는 것이 죽음일까
철학 수업을 도강하며 이 주제를 흠모했다

죽음을 사랑하기에 이르렀다

죽음은 더 이상 두려운 것도 흥미로운 주제도 되지 못했다
이제 사랑의 감정으로 친구를 떠올릴 수 있게 되었다

가을과 겨울 사이에 2악장이 가로놓여 있다

교토에 두고 온 신발 한 짝

청수사 가는 버스를 탔네
일본인이 가득했던 버스에서
그들인 척 입 다물고 있었는데
신발 한 짝을 두고 내려 버렸네

잠의 품에 안겨 있던 네 살,
부츠 한 짝만 남겨놓고
버스는 일본어로 된 지명 속으로 사라져버렸네

양말과 부츠 한 짝씩 사이좋게 나눠 신은 아이를 안고
신발 가게를 찾아 골목을 헤매고 다녔네
여기저기 흘러들다,
마침 거기서 만난 오래된 접시와 꽃무늬 자수 지갑,
기모노를 입은 목각 인형이 우리를 기다리고 있었네
신발은 도무지 교토와 어울리지 않는 걸까

신발을 사러 교토에 간 것처럼
우리 셋은 청수사 가는 것도 잊고
신발에 몰입했는데

양말만 신은 아이의 한쪽 발에 겨울바람이 파고들 때마다
청수사는 가고 싶은 곳이 되지 못했네
교토에 청수사가 있다는 여행 책은 우리 것이 아닌 것처럼
숙소가 있는 오사카로 도망치고 싶었네

신발 한 짝이 없는 교토에서 가족사진을 찍고
완벽한 여행을 마무리했네

아이는 신발 없이 나이를 신기 시작했네

올랭피아 여관

부둣가 앞 여관방입니다
고향 바다에서 챙겨온 비릿한 열여덟의 몸은
금세 파도 소리에 젖어들기 시작했습니다
여행 중이 아니더라도 한 번쯤
동그란 탁자에 앉아 일기를 쓰고 싶다는 생각,
나보다 조금 먼저 누웠다 간 체온을 다시 덥히는 일은
마음 낭랑하였습니다
청춘에 대해 낡은 기억을 가진 나는
오늘부터 스물일곱 사춘기 소녀거든요
사랑을 맹세하는 건 배꼽을 약속한 하룻밤보다
불안한 일입니다 군데군데 바닷물이 빠져나간 가구마다
항구의 별을 사랑한 이름들,
방랑을 완성하지 못한 기록들이
창밖에서 나를 뚫어지게 응시합니다
파도의 숨이 머물고 있는 커튼,
그 뒤에 숨은 눈동자와 마주치자

거친 눈발이 이 방의 어둠을 녹입니다
바다와 한바탕 연애 걸어보고 싶은 것이겠지요
얼결에 물결이 내어준 젖멍울에 입술을 갖다댄 순간
나는 허름한 벽지를 품은 올랭피아가 됩니다
여기저기서 흘러든 우리는 혼혈아이기 때문입니다

골목의 각질

골목은 동굴이다
늘 겨울 같았다
일정한 온도와 습도가 유지되었다
누군가 한 사람만 익숙해진 것은 아니었다
공용 화장실이 있는 방부터
베란다가 있는 곳까지, 오리온자리의
1등성부터 5등성이 동시에 반짝거렸다
없는 것 빼고 다 있다는 표현처럼
구멍가게는 진부했다 속옷을 훔쳐가거나
창문을 엿보는 눈빛 덕분에
골목은 활기를 되찾기도 했다
우리는 한데 모여 취업을 걱정하거나
청춘보다 비싼 방값에 관해 이야기했다
닭다리를 뜯으며 값싼 연애를 혐오했다
청춘이 재산이라고 말하는 주인집 아주머니 말씀

알아들었지만 모르고 싶었다
우리가 나눈 말들은 어디로 가 쌓이는지
궁금해지는 겨울 초입
문을 닫으면 고요보다 더 고요해지는 골목
희미하게 새어 나오는 인기척에 세를 내주다가
얼굴 없는 가족이 되기도 했다
전봇대, 우편함, 방문, 화장실까지
전단지가 골목의 각질로 붙어 있다 붙어 있던
자리에 붙어 있다 어쩌면
골목의 뒤꿈치 같은 이들이
균형을 잡으려고 안간힘을 쓰다가
굳어버린 희망의 자국일 것이다

오늘의 경험

그러면서 매력적이다
폭설에 갇힌 동물원은 생각만으로

왼쪽 콧구멍에 눈 뭉치가 들어가 코허리가 시큰해진 하마
기린의 무늬를 기억하며 녹는 눈
며칠째 사람들이 찾아오지 않는 동물원
눈을 맞으러 따뜻한 나라에서 온 것 같은
착각을 하는 어리둥절들

치타의 속도 속으로 달려 들어간 눈이 치타에게
고양이 엄마와 호랑이 아빠 사이에서 태어났을지도 모른다는 생각의 사슬에 빠져들게 한다
낮에 등 위로 내린 흰 눈이 밤이 되어 까맣게 변했는데
아침이 되어서도 아침으로 돌아오지 못한 어떤 시차 때문에

얼룩말은 얼룩말이 자신의 이름이 되었다는
착각을 하게 할지도 모른다

어쩌면 세모 네모 동그라미의 똥이 뭉쳐 있고
길고 짧고 뚱뚱하고 날씬한 종자들이 모여 있으며
사납고 연약하고 보호하고 보호받는 성격들이 웅성웅성,
온갖 울음소리들이 합쳐지고 쪼개지고
다시 부서졌다 사라지기도 하는 경험이
눈에게는 기이한 풍경

미용사에게 머리를 맡기고
몸이 돌돌 말린지도 모른 채
사각의 거울 속에서 조련을 당한다

잠에 갇혔다가 깨면
우스꽝스러운 거죽을 입고 있는 내가 낯설다
길들여진 거울 위로
꽁꽁 얼어버린 머리카락이
고드름처럼 돋아난다

앞머리까지 뒤로 넘긴 얼굴은
뒤통수가 생기기 전 태아의 몰골일까
조금 더 일그러져야 할까
머리 모양이 마음에 들지 않지만
마음에 드는 시차의 값으로
미용사에게 돈을 지불한다

미용실에 다녀왔을 뿐인데
동물원이 온데간데없다

2021

폭 설

공기 속에 숨어 있던 눈이 숨바꼭질을 끝내고 왁자지껄
흩어졌다가 모인다, 폭설
놀이터에 모여 노는 아이들처럼 눈송이들은
서로를 껴안고 쓰다듬으며 내린다
누가 제일 빨리 내려갈까, 누가
바닥을 뭉치고 배신하고 다시
공중으로 튀어 오를까
내기하며 술래잡기하는
눈의 결정

폭설의 커튼을 열고 폭설 위를 걷는 사람들
폭설 속에 갇히면 세상은 가장 큰 담요를 덮은 듯
적요하다 가로등은 파스텔 빛으로 희미해지고
자동차들은 마리아나 해구에 갇힌 물고기처럼 침잠하다
잠잠하다

고립되는 것만큼 황홀한 것이 있을까
고립 아닌 것은 생각할 필요 없다
저녁 메뉴는 고민하지 않아도 되고
이 남자와 저 남자 사이에서 거리 잴 것 없다
폭설의 유효기간 동안 사랑을 나누고
폭설을 탓하며 약속을 전복시키고 미래를 따돌릴 수 있다

고립으로 충분하고 고립으로 빛나고 고립으로
생각은 극진해진다

계절의 겨드랑이를 간지럽히며
폭설은 폭설의 숨에 고인다

폭설에 들키지 않으면 폭설은 어느 장소에서 다시 태어날 것

죽은 사람의 영화

웃으며 노래하지 담배를 물고
오토바이를 타지
살아 있는 연기에만 집중하지

죽는 연기를 하다 죽은 배우는
죽은 배우일까
죽을 뻔한 배우일까

모두가 죽는다는 전제 아래
빗속을 누비면 비에 젖는 건
영화관의 스크린뿐

죽음에 뿌리내릴 수 없다는 가설이
눈을 만들어내지
죽음이 쌓이지 않는 영화는
금세 지루해져 버리지

죽은 사람의 영화는 조금 안쓰럽고
죽은 사람의 얼굴은 자꾸 미끄럽지
유언으로 쓰기에 적절한 대사는
음악이 되어버리지

내가 아니라도 다른 밤,
어떤 곳에서 누군가
무작위로 틀어놓은 화면 속에서
그는 살아있는 연기를 실감 나게 하고 있지

영화가 더 견고해질 때까지
침묵이 더 딱딱해질 때까지

2021

내 눈동자 속의 길

여행 끝에 도착한 작은 방
누군가 마지막까지 힘껏 짜다 만 치약,
한 번 쓸 만큼만 남겨 놓은 그것을 검지에 묻힌다
어둠이 이 방을 헹구고 갈 때까지 나는
오랫동안 나를 기다린 것 같다

흑백사진 같은 거울에 스며 있는
수많은 여행자의 몰골 위에 나는
입김을 불어 울음이라고 쓴다 눈을 깜빡이자
타일 무늬 속으로 황급히 휘돌아가는 기척
벽의 수면 위로 꽃들이 질 줄 모르고 핀다

꽃들이 토해내는 향기를 좇아
모래사장을 걸어 나가면 저녁은 태어난다
수평선에서 겨우 빠져나온 오징어 배의 불빛들

한숨 돌린다 또다시 파도를 뜯으러
달려가는 모래알을 따라가면
눈동자에서 시작한 길의 끝을 만난다

노을에 취한 파도였는지
포말에 엉겨붙은 바람이었는지 비릿한 게 그리워
나는 쉴 새 없이 셔터를 눌러댄다

필름도 없이 찍힌 카메라 속엔 바람도 없다
바다도 없다 카메라는 잠시
내 눈동자를 빌려 썼던 것

꽃 속으로 들락날락했던 다섯 살은
이미 무늬였던 것
내 손목이 원피스를 집어 들었을 때
꽃대 속으로 바람을 불어넣었던 눈동자

창문을 얼리는 겨울의 입김 속으로 다시 말발굽 소리 들리고,
나는 운동화 끈을 매면서
꾸릴 것도 없는 짐을 꾸린다

감기
_ 글렌 굴드에게

피 한 방울 섞이지 않은
우리는 형제다
건반 하나를 훔쳐 온 나를 위해
당신의 손가락은 움직인다
나는 피아노에게 전화를 건다
으슬으슬한 밤을 건너
내 목소리가 사라지는 지점에 굴드, 당신은 있다
박자는 심장으로부터 시작되고
감기는 리듬에서 출발한다
구부정한 허리를 의자에 앉힌 당신은
등을 구부렸다 펴며 나를 연주한다
선율은 미열처럼 끓어오른다
지문을 파고드는 무수한 떨림
음표는 허공을 맴돌다 도돌이표와 만난다
쿨럭쿨럭 건반을 뱉어내는 입술
몸살에 심취한 이 밤의 허밍이 뜨겁다

내 몸은 장조와 단조를 오르내리며 바흐가 된다

겨울 아침, 귓바퀴에 앉아 있던 건반 하나가 떨어져 나간다

내게 안부도 묻지 않고

당신은 말한다 감기 옮으니까

전화 끊어

2020

체크 코트를 입을 때
만나는 사람

체크 코트를 입고서야 당신을 만날 수 있었지
몇 번 만난 건 아니었는데
당신을 만날 때마다 체크 코트를 입고 있다는 걸 깨달았지
이제 당신과 나, 체크무늬는 단단하게 묶여서
줄무늬 재킷이라든가 빨간색 블루종 같은 것은 침범할 수 없는 것이 되었지

보고 싶어, 당신은 말했지만 나는
체크 코트는 겨울에 입는 거라 안 된다고 했지
이제 겨울바람과 서린 공기, 침잠하게 내려앉은 구름 없는 하늘은
당신, 하면 떠오르는 것
당신의 얼굴에 입김을 불어넣으면 눈꽃이 활짝 피어오르면서
웃음이 내려앉을 것 같아
우리 둘은 겨울이 끝나지 않기를 기대했지

갈색과 검정이 섞이고 가로와 세로의 격자무늬가 맞대어서
체크 코트는 아주 작은 네모들과 큰 네모로 이루어진 마을처럼 보였는데
당신을 못 만나고도 몇 해의 겨울은 흐르고
네모로 둘러싸인 미로 속에 갇힌 미아처럼 당신이 보고팠지 보고팠겠지
당신도 나를

4월에 눈이 오고
겨울에 찾아온 더위처럼 우리 둘은
어디서 어떻게 잊혔는지도 모르게 각자 다른 곳으로 떠나와 버렸지

이미지로 남은 당신의 흐릿한 목선과 당신에게 스민 나의 목소리,
같이 먹다 남긴 한 조각 빵과 생크림은
몬드리안의 그림이 되어 옷장 속에 걸렸네
체크라는 이름으로

겨울에 만나요

커피가 식는 몇십여 분의 시간
아름다움은 아름다움의 집으로 돌아간다

섬에 있던 할머니가 돌아가셨다
장례식에 가지 않았다
할머니는 계속 섬에 계실 것이다

떠난 사람과 돌아오는 사람의 총량을 지키려 애쓰는 섬
바닷물 위에 흔들림 없이 떠 있다

물이 커피가 되어가는 갈색의 시간

잠이 들지 못하는 몸을 이끌고 나는 침대에 누워 노래를 부른다
할머니의 체온은 모호한 시간을 훔쳐 와 노래에 스민다

스민다, 스며서
밤은 허밍

노래가 유리처럼 깨져 밤의 분자가 사방으로 흩어질 때까지
우리 둘은 허밍의 곁에 노래의 자식처럼 눕는다

피가 묻은 밤의 세포는 태아였던 나를 안아줬던 최초의 세계
할머니는 피가 영원히 묻지 않는 그곳으로 가서
내가 끊어버린 노래의 끝을 부를 것이다

섬에 있는 사람들의 마지막을 보지 못하는 일
아름다움이 아름다움의 집으로 돌아가는 시간

내가 떠나온 방

내가 떠나온 섬에는
내가 문을 닫아야 닫히는 방이 있다
그 방에는 내가 켜야 켜지는 등이 있고
내가 앉아야 완성되는 책상이 있다
책상 위에는 내가 잡으면 스르르 글씨를 써내려가는
연필이 있다 연필이 머뭇거리던 자리에는
내가 지워야 기쁘게 소멸해가는
다섯 살의 일기가 있다
다섯 줄의 일기 속에는 삼촌이 사준 곰 인형,
강아지에게 눈 한쪽을 물어뜯긴 곰이 늙기를 포기하고
나를 기다리고 있다
곰의 품에 안기면, 내가 처음으로 느꼈던
두려움이 있다
누군가에게 안기는 두려움,
두려움을 더 큰 두려움에 포개어 안고
나는 섬을 섬이라는 글자 속에 가두고 문을 닫는다

바닷물이 글자의 목구멍까지 차올랐다 곧 범람할 듯
쏟아지지 않는 유년의 권태기
더 이상 자라지 않는 유년은
그림자가 비치는 방구석에 종이옷을 입고 앉아 있는 것
낡은 종이옷을 바꿔줄 누군가를 기다리는 것

그림 찾아보기

_ 봄

_ 여름

64 피렌체에서, 30×21cm, Oil pastel on Paper, 2021

67 외롭고 웃긴 가게, 21×30cm, Oil pastel on Paper, 2021

70 우동과 체스와 바다, 21×30cm, Oil pastel on Paper, 2021

73 애월, 30×21cm, Oil pastel on Paper, 2021

76 그림자, 21×30cm, Oil pastel on Paper, 2021

79 비밀 파이, 21×30cm, Oil pastel on Paper, 2021

_가을

84 리스본, 21×30cm, Oil pastel on Paper, 2021

87 가면, 21×30cm, Oil pastel on Paper, 2021

90 턱, 21×30cm, Oil pastel on Paper, 2021

93 벽에 세 들어 사는 몽골 여자, 30×21cm, Oil pastel on Paper, 2021

96 먼지의 서재, 21×30cm, Oil pastel on Paper, 2021

99 같은 강물의 시간, 30×21cm, Oil pastel on Paper, 2021

102 오름의 봉우리마다 무덤이 사는 이유, 21×30cm, Oil pastel on Paper, 2021

105 칠레에서 온 와인, 30×21cm, Oil pastel on Paper, 2021

108 클립의 날, 21×30cm, Oil pastel on Paper, 2021

111 당신은 못된 쪽입니까, 21×30cm, Oil pastel on Paper, 2021

114 나의 부족, 30×21cm, Oil pastel on Paper, 2021

117 새, 21×30cm, Oil pastel on Paper, 2021

_겨울